La experiencia de ser un profesional en Ciencias de la educación, no basta en conocer en mi caso las ciencias exactas, la biología, la ecología, el bioentorno, la biogeografía, la antropología biológica o el cambio climático; además saber de física básica, física clásica, física óptica, del movimiento, de movimiento de los cuerpos y el sonido, o también conocer y desglosar la quimica, tanto inorgánica como orgánica, la bioquímica, la quimica ambiental, o la fisicoquímica en toda sus dimensiones.

Todo ello, incluidos la geometría básica, clásica y analítica. Todas las dimensiones de la matemática, básica, algebra, ecuaciones, calculo. Todo ello en mi caso lo se explicar y experimentar en estudiantes desde preescolar hasta maestría, eso no es todo saber comportamiento humano, es decir: Psicología básica, infantil, preadolescente, adolescente, juvenil y de la adultez.

Como lector dirá que soy un erudito, pero si es padre de un preadolescente lo tengo que guiar, yo vivo con su hijo o hija más tiempo que usted en un día, lo conozco más que su familia, ello conlleva otra responsabilidad, ese acompañamiento, esa conducta, ese crecimiento lo tengo que ver como educador.

La pedagogía que debo manejar, como explico, como motivo y como evaluó, a ese estudiante, aquí otra parte del saber del educador, que hoy en día se transporta, a un padre, tutor, abuelita, quienes son lo que más están pendientes de esos chicos o chicas.

Todo lo anterior debe agregarle, que muchos de los estudiantes que he tenido como estudiantes terminan siendo amigos, aquí hay otro escollo del ser Docente, consejero sexual, aquí muchos de ellos y ellas en crecimiento mal interpretan, o se siente agredidos, o agredidas por la forma explícita de ser un guía. Administrador de emociones, consultor de sueños, Doctor corazón y hasta técnico en Celulares.

Ya como usted ha leído lo anterior, imagine que soy también padre, esposo, hijo o tío, tengo una vida social, tengo que cumplir mis responsabilidades económicas, como conyugales, súmele una madre enferma de una adultez alta; ahora bien, debo cumplir con todo y con todos, lea mi pensar y mis situaciones antes de juzgar, a los profesores de sus hijos, sobrinos, o simplemente un tutor de un chico o chica.

LOS PARBULOS

Al ser estudiante universitario en 5 semestre de ciencias de la educación, tuve la oportunidad de trabajar en un Kínder Garden, de estrato 4,5, en Bogotá, Colombia; como asistente educativo, es decir un auxiliar de la profesora de párvulos, hice de todo, payaso, soldado, árbol, en sus presentaciones, también ser el docente de matemáticas, dar a conocer los números, por medio de puntos y nunca usé la numeración clásica, es decir los números arábicos; por ello los chiquitines eran como 18, 9 niñas, como niños, su conocimiento era básico, el saber contar hasta 100 en forma verbal, en forma escrita era más complejo, por ello los círculos de colores, como bloques de colores vivos los lleve hacer, juntar o sumar, el restar era complejo, al llegar a otro calendario americanizado debías hablar también en inglés, en mi caso lo niños se confundía mucho, así habláramos al 100%.

Al hacer la planeación de mi clase de matemáticas llegue un día, hacer la ejecución de la clase los niños estaban muy apáticos, mi clase se tornó un poco tediosa, para subir el ánimo tome la vieja grabadora, coloque la música tropical del momento y me puse a bailar, los primeros 40 segundos ellos solo observaron el movimiento de mis piernas, como las vueltas que di, mi bata blanca se elevaba, los niños empezaron hacer lo mismo, por cada vuelta gritábamos los números que dábamos o sumábamos después el quedar inmóviles sin risas era difícil, así paso, me lleve a la universidad muchas preguntas, uno de mis maestros Hno. José V Henry, lo interrogue sobre mis dudas, él se reía, me contra pregunto, solo hizo que pensara, de muchas formas, que observara otra vez a los niños, sus ojos, sus frases, en ese instante, al regresar al salón, observe analice, llegue a comprender que la pedagogía es una chispa para dejar una huella, en el estudiante sobre el tema, los números, eso si no lo capte, hasta que hicimos un taller en el supermercado, las matemáticas, allí además de sentirse adulto el parvulito con sus cuentas y el billete de 5000 pesos llegaba la caja y pagaba.

Dejo en claro que la experiencia era de la clase de biología para saber el valor nutritivo de lo que se come, por añadidura se hablaba de matemáticas, allí comprendí que la integralidad no es un pan integral, es usar el instante que el estudiante duda, ello aprende, el estudiante a tener autonomía, decisión y pensamiento lógico matemático. Llega a ser evaluado no por un docente sino por las circunstancias, por ello la experimentación es clara en procesos de enseñanza.

Otra vez un parvulito llego muy cuestionado (esto es normal), sus ojos reflejaban una preocupación, sin decir nada, solo me acerque a sus ejercicios de bolas de colores o bastones, que sumaba. Al recreo el niño se veía muy preocupado, hasta que se acercó, cuando yo estaba consumiendo el jugo y el pastel de pollo, dijo:

 Todos los hombres tenemos un "PIPI" tan feo, cuando no se alarga.

La verdad me atragante. Pensé este tiene 4 o 5 años, que lo debe estar preocupando, trague, tome el jugo, habían pasado 20 segundos, ¿qué quieres decir? Dije, el niño respondió:

Mi papá esta mañana se estaba bañando, cuando mi mamá me llevaba a ducharme, yo orine, mi padre salió desnudo de la ducha, mi madre estaba allí, vio su PIPI, mi padre ni lo noto, al entrar a bañarme me pregunte, grande es el pipi de mi papá, mi mamá lo ve normal, debe ser que ya esta tan acostumbrada de verlo desnudo que ni se escandaliza.

Al verme a los ojos el parvulito, suspiro, diciendo: Profe eso de ser hombre, es muy complicado, salió corriendo y el tema nunca más se tocó; me pregunte que la experiencia que este chiquito se llevo es más que un tono de fisiología humana, de estética, es la realidad, que nunca debemos meter morbo donde no lo hay.

Ya terminando el año académico dos niñas, de ese nivel, llegaron muy mojadas en su jardinera, 4 de los intrépidos, se ubicaban en el baño, uno de ellos vigilaba, mientras los otros sellaban el baño de niños y niñas; tenían la misma entrada, cerraban la puerta, "solo lo que Fue Fue" los niños entraban a jugar a los bomberos con su orina, los gritos de las niñas eran fuertes, pero al darse cuenta la profesora directora de grupo los saco y los regaño, mando nota a sus casas. Al otro día dos mamás, entraron hablar con la profesora, duraron una hora yo solo daba la clase de Biología sobre las flores y sus partes, todo en inglés, esta mujer a la hora del almuerzo hizo el siguiente relato:

Mi hijo Andrés ayer llego al apartamento muy afectado la señora que me colabora lo capto así desde la tarde, me conto lo que esta señora había observado, al llegar con mi esposo, padre de mi hijo, la agenda del colegio no la encontré, ni en la lonchera, ni en su morral. Le pregunte varias veces al niño, la respuesta fue la misma, al otro día la conductora del transporte escolar me la entrego, al leer la nota, que la profesora me dejo y releerla me reía por dentro, al encontrarme con Salome la Mamá de Mauricio, me dijo, que él había dejado la agenda en el trasporte, igual que mi hijo, resolvimos entrar hablar con la profesora, nos contó lo sucedido, todo es el producto de una película que los niños incluido el esposo el padre de Andrés, observaron.

Aquí además de las risas, las explicaciones de las señoras, la moraleja queda la experiencia de los niños sentirse bomberos con su órgano genital, fue insuperable, eso sí, el olor de orina es penetrante, explicaron los niños que la señora del aseo, dejaba a mano el olorizarte y siempre al terminar lo esparcían, por ello no los detectábamos.

Creo que una profesora o un profesor es el centro de atracción siempre que está en un aula de clase, pero en el recreo es diferente, lo siguiente es muy cómico:

Al regresar del recreo, todos acomodados en sus pupitres, la profesora estaba sin llegar, ella, era la que daba el orden del día, esta mujer no se percató, que al salir del baño, no tuvo el cuidado, de su blusa, con la bata que todos usábamos, se abrocho mal, por el afán de llegar tarde, al llegar al salón, no se sabía que había pasado, el enredo de su blusa, la bata, el caminar rápido, al estar de pie ante esos 18, las risas no esperaron incluida la mía, yo pensé que era una forma de motivación sobre el tema a tratar, pero al darse cuenta que su sostén se veía, su ropa mal abotonada, quiso salir, se tropezó con sus zapatos, al piso callo, su vestido se recogió, se le vio su ropa interior, mas eran las risas, lo parvulitos, no dejaban de reírse, como pude la levanté, me quite mi blusa y se la di, ella como pudo llego otra vez al baño, no salió sino después de 1 hora, con esos ojos rojos.

Tuvieron más de 2 semanas por el incidente, todos aprendimos a reconocer que una experiencia traumática a una mujer, joven o madura es un shok muy fuerte.

Han pasan 20 años, lo parvulitos crecieron, dos de ellos me los encuentro en la Universidad, donde trabajaba como catedrático, a la luz de un café, sus risas, sus experiencias, como sus recuerdos, lo significativo fue que uno de ellos repetía con firmeza que gracias a mi estudio Ingeniería, ya terminaría, su especialidad serán los puentes, el otro será, enfermero, ese encuentro me dejo motivado, sé que los resultados positivos no se dan por las evaluaciones sino por lo que se deja en el corazón de ellos muy significativamente.

NIÑOS O NIÑAS

Ya al cumplir un 7 semestre tuve otra oportunidad, aquí la biología y parte de la quimica fueron mis pilares de docente, daba muchas explicaciones, como conceptos, muchos dibujos en el tablero, de insectos, mariposas, mamíferos, allí descubrí que eso de ser dibujante técnico desde el colegio sirve mucho, tenía una novia ella era muy recatada, los dos trabajamos en el mismo lugar la paga era muy mala, pero valía la pena, para pagar otras cosas. Allí la pedagogía eso de aplicar la significancia de dejar huella en tus estudiantes siempre fue mi objetivo, hasta hoy lo cumplo, bueno esto ocurrió allí:

Lady Johana era una niña de 2 de primaria, ella era muy juiciocita, en ese curso solo había 9 estudiantes con ella eran 4, los niños eran inquietos, bulliciosos, amantes de la pelota, bueno cada vez que allí daba mis explicaciones, los dibujos nunca faltaron, la tiza de colores y la proporcionalidad de los dibujos, me parecía que era buena, al pasar los meses esa chiquilla venia al colegio por temporadas después de la semana Santa ella no regreso, vivía cerca del colegio, mi novia, era la directora de grupo, yo era de 4 y 5 de primaria, la rectora dueña y profesora nos hizo una reunión a 5 profesores, nos contó que Lady estaba en cama con una enfermedad terminal, Tenia Leucemia. Al salir del colegio Mi novia y yo, nos fuimos la universidad DE LA SALLE, teníamos clases diferentes, yo me dirigí a la capilla, recé un poco y lloré por esa niña.

Pasaron los meses, su condición empeoro, su padre no viva con ella sus dos hermanas, su madre, todo era caótico, decidimos visitarla, el único que la vi fui yo, ella sin cabello y con un gorrito me decía: Profe lindo de ojos extraños, quiero dibujar, listo saque unos colores que siempre llevaba, hicimos mariposas amarillas, durante el siguiente mes la visite, todos los jueves a las 10 am, era la hora del recreo. Siempre tuvimos diálogos sobre animales, plantas flores, le enseñaba que la vida, tiene procesos

El octubre de ese año, la niña, su cuerpo no aguantó, muere, sus hermanas grandes avisan al colegio, los niños fuimos a su casa con bombas de colores, todas las dejamos, asistimos al funeral, fue muy fuerte, mi novia me pregunto con el tiempo, si yo sufría por esa niña, solo mis lágrimas le dieron la respuesta, ella solo me dijo que lo que yo hacía con esa niña era lo mejor que nunca había visto.

Allí mismo al hablar de los órganos de una flor la clase de sexualidad nunca falto, óvulos, estigma, polen, tuve la idea de hacer un paralelo entre la reproducción humana y la floral, todo ello fue en 5 clases, muchos de esos estudiantes, o mejor dicho de otra forma del 90% de ellos vivían con sus madres, muchos compararon el pistilo con el pene del hombre, una chica dijo: mi madre cuando está molesta(deprimida) siempre coge un cuchillo y corta el pepino cohombro, para desahogo, la niña ya observaba que ello sería una buena solución de planificación familiar, pero corrían los años 90, afirmo que es mejor no tener hijos.

Ello de hablar de sexualidad, siempre será un mito, lleno de prejuicios, tanto por la virginidad de ellos, o ellas; siempre a pesar de la ignorancia de una cultura sexual, hay equívocos, tanto por los padres o tutores.

Aquí la pedagogía, como la didáctica, se hacen sola como un cristal de carbono, que nunca se rompe, pero ese cristal si rompe, enseñar hacer personas sexuadas es muy complejo por la falta educación, por falta de una religiosidad equivoca, para quienes guían, ellos no lo saben, todo es pecado, nada es para respetar, educar a su pareja.

En otra ocasión en otra primaria, como docente de biología y ambiente, era docente de 4 y 5, allí muchas de las mamás eran muy intensas, con respecto al cuerpo humano, que nada o mucho tenían a veces razón, ellas determinaban algunos temas, por ello el desarrollo de niños y niñas, es diferente, el caso es así:

6 madres que asistieron a un partido de futbol sala de niñas, con otro colegio, al terminar el partido hubo lesionadas, el entrenador del equipo contrario observo lo sucedido, solo tomo la crema, al llegar donde estaban las niñas lesionadas una de las madres tomo la vocería: No es mejor que nos vallamos al Dr. el hombre solo dijo tengo una crema fria para aplicar, si desean.

Ello indigno a las otras señoras, creyeron lo peor, las especulaciones como la acción voluntaria, del entrenador fue tomada como manoseo a las niñas del colegio donde laboraba.

En clase se ventilo en caso las chicas afectas tuvieron la visita al Dr. Quien la regaño a cada madre, por imprudente, por lengüilarga, en contra de una acción medica aceptada, les dio una retahíla que las chicas tuvieron pena ajena, en fin cada vez peor, por la mojigatería de quienes ven cosas donde no existen; ello no termino allí, cuando las estudiantes pidieron una explicación fisiológica la hice con tanta delicadeza y certeza de lo hecho, que las mismas 4 señoras fueron ante el coordinador para dar quejas, sobre la explicación que es una crema fría y como se aplica.

Moraleja: Es absurdo que después del regaño del Dr. Sean tan falta de educación que una explicación científica la lleven, a una acción sexual, se aprende, con los golpes de quienes tiene tiempo y dinero de ser ilusas.

Los chicos de 10 hicieron un "jean day" tanto los chicos de 5 y las chicas con su mejor par de pantalones, una de ellas tuvo el atrevimiento de venir de blanco, todo es válido dijeron, hasta ese momento eran las 9 am, al recreo llovió e hizo frio, todos llegaron mojados, la semana después, las 2 chicas mojadas y 4 chicos mojados, hicieron algo, que era para no tener ropa mojada, se quitaron los pantalones en clase de Español, el profe no se dio cuenta, solo una de las mojigatas se lo conto a su mamá, allí fue Troya, de director de grupo que soy yo, hasta coordinación, rectoría, psicóloga, dueños del colegio, asociación de padres, hasta secretaria de educación del distrito, todo ese recorrido, las mismas cuatro señoras, tanto así que los dueños no soportaron más, era octubre, ellos consultaron con un abogado, el solo les dio, largas hasta acabar con el año académico.

Todo esto llevo a que aprendiera a ver que hay mujeres tan ciegas de mente que no ven, un acto de salud como una vulgaridad, ello me hizo saber que esas señoras al cabo del tiempo las veía en una sala de consulta de un psiquiatra, por depresión de divorcio, ni los esposos se las aguantaron, aquí va la irracionalidad con la inmoralidad y la doble moral.

El colegio no les dio cupo el siguiente año, nunca las volví hasta la universidad, como catedrático cada chica por tanta represión pasó por 6 programas. Una de esas chicas tuvo que estar en una clínica psiquiátrica por los traumas causados por su madre.

Martha era la coordinadora de convivencia de otro plantel educativo, en mi currículo, aparecía que tenía estudios de maestría en docencia, esa mujer, desde que llegue, nunca dejo de incomodarme como directiva docente, creo que para ella era atractivo, en esos instantes de mi vida, estaba casado, le gustaba, mido 183 de altura, mis ojos son amarillo verdes, ese es mi atractivo; eso de no ser coqueto con esa mujer me acareo muchos problemas.

Las habladurías sobre mi mal desempeño fueron constantes, mis planes de aula de física como de Matemática fueron rechazados, debía ser repetidos por ausencias de contenidos, ella y la Coordinadora académica eran muy buenas amigas, la otra mujer una Gloria pintada en la pared por saber quimica, pero de humanidad nada y poco es lo mismo, ser un educador es lidiar con estas personas muy influyentes, pero como arpías, en fin, eso lleva al educador a ser restringido como un ser social.

Ellas dos hicieron un infierno en un lugar hermoso, el cual, con su estructura pedagógica, podría bastar, ellas las problemáticas hicieron que tuviera muchos problemas legales como económicos.

PREADOLESCENTES

TODOS PASAMOS POR SERLO

Si esta es la etapa de la vida de un chico o chica, que quieren vivir rápido, sin consecuencias, pero con muchas alegrías sin contar las desgracias.

Cada estudiante entra con10, 11, 12, 13 años cumplidos, su cara de su niño cambia radicalmente en ellos, la piel se hace grasosa, sus huesos se solidifican, como su pensamiento, la altura varia, por razones fisiológicas o genéticas, la voz chilla, o tienen gallos, sus mentes vulnerables, se destruyen, las ideas se afianzan, la atracción sexual se rebosa, las palabrotas se amplían, como la lucha, por la independencia sale como el corcho.

Aparecen los deportistas consumados, aparecen los intelectuales, como los cansones o mamadores de gallo, los dones Juanes esos tímidos imparables, que rompen toda la vajilla, pero sus pensamientos están en la conquista de quienes le gustan para su concepto de belleza.

Siempre hay uno que sobre sale en esa edad, que es el reprimido en casa, y en el colegio o escuela se desdobla, en este caso lo llamo Ríos, de una estatura muy pequeña de su edad, hijo de un obrero de construcción, osco, duro como el concreto, casi sin sentimientos, cruel con sus hijos directos, seco, siempre mal humorado y una ama de casa, dulce, tierna, trabajadora de ventas por catálogo, muy comprensiva, llena de muchos atributos, de ser una señora, ellos conforman un hogar, auméntele que cada regaño a los niños genera violencia física. Es el cuadro familiar, el machismo como el sometimiento.

Una mañana Ríos el estudiante llega no tan cansón y cobarde que es, más apabullado que perro que se coló a la misa dominical, nunca pregunto como profesor que le ocurre, siempre espero, una enseñanza para mis colegas, ellos son los que necesitan, yo solo espero, la paciencia es un don, cada Docente tiene un límite de paciencia. Al pasar el día, solo puede tener clase con ellos después del recreo (no digo receso o descanso, este último es de los muertos), bueno el chico se acerca, profe ¿tiene tiempo?

A ver concreto y rápido.

-Estoy muy mal mi papá no me quiere

Qué hizo ahora en su casa.

_ yo no, solo no hago caso a mi mamá, ayer llego y me encendió a correa.

Ya sé el motivo

-No es injusto, yo me quiero ir de la casa, allí nadie me quiere.

Aquí como docente, como ser humano dudas de las palabras de este chico, pero sus piernas, laceradas por esos correazos, eran el testigo mudo de la violencia, aquí como profesional, haces un alto, calmas al chico, lo haces reflexionar con otras preguntas, eso sí nunca lo motives a irse de su hogar.

El tiempo lo cura todo, puede ser la siguiente frase, o simplemente decir que eres un excelente ser humano cansón, pero eso se remedia, dele al chico motivos para aprender.

Un llamado de auxilio hace cuando ese estudiante pierde casi todas las materias que estudia, no es porque no puede, es porque pide a gritos de silencio atención, tu misión como docente es decirles a los padres lo ocurrido, ser directo y sincero, los cambios son buenos pero duros en un hogar, al cabo del tiempo, el chico regresa a sus andanzas de ser molesto y cansón; allí te das cuenta como profesor que la misión tacita se cumplió.

Cada dialogo con estas edades es siempre muy corto, allí debe ser como docente concreto, directo y firme, así su estructura, su personalidad no lo den, ese temple, será serio, porque lo que escucha es muy personal; ahora nunca use esa información para hacer comentarios con sus compañeros, puede servir es mejor omitir eso.

Plantee en un colegio por ciclos, hay que aclarar para quien no conoce esto en 3 meses cumple los temas fundamentales del grado, de forma que debe cumplir unos requisitos básicos, ser mayor de 14 años, estando allí, un chico de 13 años ya casi 14, fue aceptado, era de 189 de alto, flaco, con voz gruesa, que no revelaba su edad real, ese grupo eran 9 estudiantes en grado sexto, el tema era las eras geológicas, era de la religión Testigos de Jehová, yo impartía la clase de biología, hice un paralelo entre la biblia católica el libro del génesis, donde se lee la creación, allí hablan de 7 días, las eras geológicas son 7, quiero decir que esto no se hace al azar, es científico, cada era geológica, aproximadamente, se basa en unos 3000 a 4000 años terrestres en su proceso es decir 21 mil años terrestres su formación total, (Clark Sagan), es por ello que no fue hasta que este chico, refuto basado en su biblia, la cual tiene muchos errores. Las discusiones fueron muy alegres, mis pruebas, como las del chico tuvieron un buen camino, el tema termina y sigo adelante.

Al cabo de 5 semanas un hombre llega al colegio en mi búsqueda, era el pastor de esa iglesia, yo atentamente lo escuche, sus argumentos, el que más causa curiosidad, que como a mí se me atreve a decir:

La geología tiene más certeza que la Biblia.

Expliqué de nuevo ante los argumentos, con tanta responsabilidad, que le mostré gráficos que ello tenía la certeza de la ciencia, el hombre después de tantas pruebas, Salió iracundo, no se despidió.

El chico con el tiempo me dijo que ya no creía en su Pastor, por otras razones el docente de sociales le demostró que esa religión que la tenía Fe, era una voluntad del siglo IXX, hecho para acoger a norteamericanos incautos, con pruebas también, al cabo de 13 años me lo encontré, su figura y altura no eran nada comunes, me conto que estaba estudiando Teología en la Universidad Javeriana, ya le quedaba poco, tenía una beca para ir al Vaticano como civil, para seguir sus estudios y el objetivo era refutar, toda mala fe.

Ahora me escribe desde Jerusalén está haciendo un doctorado en los escritos paganos y hebreos de la época de Jesús.

Como lector saque usted su conclusión, yo solamente la escribo.

Bueno retomando el hilo, muchas de las chicas de esta edad, tienen la similitud, por no decir la apariencia de una chica de maestría, siempre tan bien puestas en su sitio, delicaditas, las dos instancias, pero hay que tengan problemas del corazón, todo ese glamur se va al chorizo, ya el arreglarse, el estar más limpias que un pañuelo. Su agresividad, su cambio de actitud como su forma de vestir, hacen que se le tenga miedo, por parte de los compañeros, esa descompensación emocional, hace que las hormonas, como su manera de expresión sea tan dura como un hierro caliente.

Se explicaba la ley de los gases, tema básico de la fisicoquímica, Boyle, Mariotte, Gay- Lussac, todos ellos se hablaban del equilibro y de la presión, por respeto a sus lágrimas la llamo Laura, se hizo una práctica de laboratorio, esta chica con su mono en el hombro izquierdo de fracaso emocional, estalla porque su experimento no salió. Como docente le di el beneficio de salir y desahogar sus tristezas, al regreso de ella, sus ojos y su cara era más amable, se explicó, mediante el experimento, que eran las bases de la termodinámica, que tendría que volver a ver en un curso superior, después de lavar todo el material usado, ella se acerca, me dice que la disculpara.

Solo sonreí e hice una sola pregunta, ¿Ya le das la vuelta a la página?, ella respondió, con mucha fuerza, Esa escoria no merece un llanto, un suspiro.

Aquí aprendí que, en cuestión de sentimientos, es mejor esperar y ser prudente, ellas o ellos lo cuente, exploten; simplemente expresen lo que le ocurre.

En otra oportunidad un colegio dícese bilingüe, donde las guías del estudiante, ya no se usan libros, ellos se encuentran en la red, la dirección académica, el dueño o dueña del colegio, hacen que el docente queme sus neuronas en diligenciar una guía, que tal, sin remuneración económica, ello es un abuso, bueno según lo anterior, ocurre lo siguiente:

Umbarila, Stefani, y Pico, son tres chicos que, de inglés, un poco o bien, pero de las tablas de multiplicar, caos total, falta en ese grupo una chica, Talero, cada vez que se pedían, operaciones con procesos de multiplicación, ello era un infierno, pobres no sabían esas operaciones, solo la tabla del 4,5 no más en grado sexto, que tal, al paso de los meses y las notas pésimas, tomo la decisión de hablar con los padres de cada estudiante.

Pico, chico de 12 años, el padre muy aplomado, con sentido común, solo me afirmo que se hacen los correctivos en casa, el chico al cabo de 3 semanas, llego con todas las tablas al día, eso sí con sus nalgas, en las que no podía sentarse muy bien en el pupitre.

Umbaria, es ella una chica de 170, en parte desarrollada, físicamente, mentalmente es como una niña de 3 grado, vive con su hermano y una madre, de escasos recursos, la madre es aseadora de noche de una Universidad cercana. Ella tiene mucho potencial como chica inteligente pero sus problemas de no vivir con su padre, y ella escasa de afectividad, lleva hacer una chica problema, la madre por su horario no se pudo hablar con ella, pero el correctivo se hizo, después de un dialogo, entre coordinadora y psicóloga ella reacciona positivamente a las observaciones, superando el cuento de las tablas de multiplicar.

Talero es una chica, con el peor vocabulario que se pueda escuchar de una chica de 12 años, muy ordinaria, vive con su padre, abuela y hermana por parte de papá, es denominada una chica problema por la coordinación y el resto de los compañeros docentes, muy coqueta y noviera, pero eso es común en esa edad en las chicas, por esta razón, hay problemas académicos confunde los resultados, con su genio y sus compañeros se burlan de ella, siempre que comete errores y sus frases soeces son constantes, tanto a ellos , como a ella, al cantar las tablas un día dijo: 5x5 =10, eso fue el caballito de trabajo de todo el curso, la burla, nunca se acabó, ello hizo que las tablas de multiplicar se las aprendiera, como fuera, demostrar a sus compañeros como a mí el docente que podía, hacia daba resultados, fue otra que durante varias semanas tenía que acomodarse en el pupitre ya que ella si expresaba que su padre le pegaba, abiertamente.

Hasta aquí esto es fácil, las soluciones se aplicaron tarde o temprano, pero lo que sigue es cruel.

Stefany es una chica de 12 años ya en los 13 años, medianamente desarrollada como adolescente, con anteojos, con cabello largo, con una estatura de 166 cm, extremadamente flaca, para su edad, estatura, ella era lo peor en matemáticas, ni saber sumar, ni saber multiplicar, ni saber despejar los números naturales o los fraccionarios, allí, el problema era muy grave, pero muy grave, tanto que de los 4 estadios del año lectivo perdió los 4, tanto en matemáticas, estadística y geometría, todos ellos, son un área según el colegio, agréguele que era una chica que podía, pero no quería.

Aquí desgloso, podía molestar, ser compinche, grosera como la anterior, pero asolapada, traicionera en el momento de ser evaluada. Paseo muchos tableros sin dar respuestas claras, una salida del colegio abordo a su madre, le cuento sutilmente lo que ocurre. Una semana más tarde la misma señora dice que tengo a su hija entre mis ojos, la grosería fue tan grande que me moleste, después me reía, de la pobre mujer, los meses, las evaluaciones pasaron, nunca hay cambio alguno, se presenta el caso en consejo académico, ello no tiene solución el hablar con la madre es un problema de actitud frente a quien este por delante de ella, la señora.

Gracias a otra madre, que tuvo la locura de contarme, lo siguiente:

Profe, esto es confidencial la Madre de Stefany hace 14 meses tuvo el choque grande de su existir, el padre de Estefany, tuvo un romance con la vecina, según la señora ella observo como empezó todo, el hombre una noche madrugada, llego con algunos tragos de mas, a su vivienda, hay que decir: que está en el gremio de los albañiles, trabaja en una obra civil, o en otras de su oficio, ello es un denominador común, al saber que no puede abrir la puerta, de su vivienda, se queda sentado en el portón, allí pasa la madrugada, como la huma, que tenía, al observar esto la vecina en cuestión, que sus dos hijas no lo vean, de buena gente lo hace entrar a su residencia.

La Mujer no mayor a 30 años, con un chico, amigo de sus hijas un poco menor, separada de su compañero permanente, hace una obra de caridad; ya pasado la salida de las niñas al colegio, el hombre le da las gracias a la mujer, se dispone a entrar en su hogar, respectivamente su esposa, compañera, lo recibe a gritos, que todo el vecindario la escucho, las groserías, se escuchaban vidrios rotos, todo ello. El silencio llego; los días pasaron, la pareja otra vez volvió a la normalidad, pero el hombre, tuvo otra vez que llagar después de medianoche, ahora sin tragos en su cabeza, el escandalo no se hizo esperar, la policía aparece por disturbio en vía publica, el hombre termino en la comisaria de la zona, dos noches, al regreso, otra vez de nuevo a su casa, la mujer esposa del hombre cambio la chapa, pero de ira tuvo, la vecina de nuevo lo acoge, el hombre se asea, parte a su trabajo.

La reconciliación no se hizo esperar, de nuevo el hombre con su familia, pero esta vez, las visitas a la vecina se hacen periódicamente, una mañana después de 4 meses, el hombre, sale de su hogar familiar con una maleta directo a la casa de la vecina, pasaron unos meses, la incomodidad de ver Stefany a su padre, con el hijo de su vecina y no con ella, lleva hacer en la chica un bloqueo mental, social y de actitud, su madre nunca deja esta al padre de sus hijas con sus hijas, solo por venganza, no hay que negar llegaba tarde con alcohol en su cabeza, pero nunca violento.

La repercusión en Stefany, sus groserías, su crecimiento como chica no se detiene, deja de alimentarse bien, bloquea toda autoridad masculina, entonces el profe de Matemáticas es autoridad masculina, no hago caso, no entrego tareas, no cumplo, es también un llamado de auxilio, de que necesita cariño, afecto comprensión, ser escuchada, la madre con su reacción, con echar culpa al docente de sus problemas sentimentales, ello lleva a una mujer hacer una fiera herida en su corazón como en su estructura de mujer.

Que se aprende, que la hija necesita a su padre, su padre ese cariño a sus hijas lo da a un chico desconocido, sus hijas por la ventana observan, ello nunca se olvidara por el resto de sus vidas, además su expareja vivirá amargada, así tenga otra pareja, nunca supera, su accionar, solo con el argumento de la defensa de la moral de sus hijas.

ADOLESCENTES

La frase típica "todos hemos pasado por allí "14, 15, 16,17 años esta etapa los adolescentes, críticos destructivos, que se quejan de todo, pero nunca hacen nada por remediarlo, quien lo remedia se mete en líos.

Sandra así sea quien sea, a sus 12 años descubre su lesbianismo, el problema es que lo expresa abiertamente a su madre, ya que su padre no está, no habla con él. Ya con una conciencia muy bien desarrollada, es oriunda de una región cálida, mas no del campo, allí podía ser juzgada por la cultura, la religión, la madre de ella muy compresiva, guía a su hija hacer sí critica, mano débil ante su protagonismo de líder, Sandra es directa, con ideas claras, con la búsqueda de su identidad, como su sexualidad, pero como adolece de otras cosas que el tiempo reduce o amplia; tiene un romance con una chica 54 años menor que ella, su novia no tiene esa apertura sexual, social, religiosa. Porque no decir no salió del closet, su amor es viable para las dos, pero en el colegio se sabía, mas no se demostraba, porque la rectora no entiende por su edad, por su machismo, por ser una matriarca. Porque para ella hay hombres y mujeres, así su salón de belleza este lleno de transgeneros.

Qué problema fuera de las paredes del colegio se sabía a escondidas, una verdad a gritos, más nunca las directivas lo detectaron antes de llegar como docente, aquí entra por la ventana de la oficina de la rectora, pero el problema, es más de fondo que de forma, cambiar a una mujer, que ame a otra mujer según la rectora es una desgracia, ella como rectora y dueña cree tener la autoridad, pero no cuenta con los derechos y deberes de población LGTBIQ.

Por ser un colegio privado tiene la autonomía de recibir o expulsar a un estudiante, según sea su género, eso sí todo por la ley, aquí las contradicciones son más que de fondo, su sobrina es la secretaria, profesora, chismosa y la que maneja la información de todo el colegio, parece ser ella la dueña. Con la misma visión de su tía machista. Esto fue muy fuerte en su esencia, mas no en la práctica. Bueno esto no termina como empezó, con un conducto regular. En fin la bomba llego a casa de la novia de Sandra, los padres de la chica de otra visión de fe tuvieron rabia, ira, violencia, la chica novia de Sandra, sufrió ser lesbiana en su casa, con sus hermanas, con sus compañeras de salón, discriminada, toda apabullada la chica, dejo que quienes le dan de comer y un techo la doblegaran, ante el pastor de su fe y por añadidura sus padres la reprendieron, tuvo por unas emanas el camino de ser niña de verdad, la sacan del colegio a ella, como a su hermano. Esto no es una moda de los preadolescente o adolescentes es una verdad. Pero al salir ella, Sandra con su libertad, investiga a que colegio va su adorada, la localiza entre hechos y idas a su casa, llamadas clandestinas, ese amor sigue fuera de toda sospecha.

La novia de Sandra es futbolista, de sala en la rama femenina, se desenvuelve muy bien allí, radica el lesbianismo como común denominador, es normal; es la forma de aprender a ver, como una preadolescente se ve abocada hacer de sus sentimientos un gran drama, la tortura consecutiva, de ver que puede ser público, siempre a escondidas.

Aprender señor o señora lectora sobre esto es muy complejo, como docente, con experiencia, con estudios de sexualidad, nunca deja de asombrar el ser humano, debemos ser más tolerantes, pero como padres, debemos entender, hacer las preguntas pertinentes a tiempo, que las sorpresas ante la sexualidad no lleguen, adelántese; sea astuto, o astuta, observe, busque respuestas, como maestro debe ser más cauteloso, pero firme, recuerde que en esta etapa ellos cuentan mucho, manipulan.

Marianita HUY, pobre chica, lo aseguro, lo sostengo, lo encuentro ahora muy cómico. Una chica adolescente de 16 años, de una altura de 174 cm, de un peso de 93 kilos, grocerisima, irreverente, brutalmente ofensiva, desafiante, manipuladora, no le importa, quien caiga sin saber, las consecuencias, acomoda la cosa, a sus compañeros, como a sus docentes, grado 10 ella esta con el agua al cuello, se ahoga arrastrando a todos el que pueda, sin importar.

Académicamente muy baja, pasa por copia, está allí porque su hno. es muy inteligente, ella no da, no recibe y siempre critica todo

En un periodo, ella iba perdiendo las 4 materias que daba, como ya sabía que era muy tramposa con los ejercicios de física, que presentaba, como los informes de laboratorio que entregaba, por eran individuales. Hice que 10 ejercicios sobre el tema de termodinámica, todos tenían cascaritas, mínimas; allí le dije a Sara de grado 11, que había sido la Novia de Sergio, compañero de Marianita, que dijera que ella tenía los 10 ejercicios resueltos de física, pero cada ejercicio costaba.

Allí me di cuenta, de lo inescrupulosa que Marianita es, fue la primera que Busco a Sara para pagarle, copiar los ejercicios, sin decirles a sus compañeros. Sergio también los compro, como otros tres, lo bueno es que yo como docente hice los ejercicios, pero mal hechos, al llegar a pedir al salón de ese grado los ejercicios, dije:

Cada cual me va a entregar en una hoja un ejercicio de los que yo deje, sobre termodinámica, listo Mariana y sus 4 compañeros copiaron en una hoja marcaron que iban a pasar con el sobresaliente, el problema fue al corregir, tome la hoja de Marianita le pedí el favor que copiara en el tablero su ejercicio, por lo consiguiente estaba mal hecho y paralelamente hice el ejercicio yo, demostrando el error, la mala nota De los 5 no se hizo esperar.

Ese mismo día al recreo los alegatos con Sara, con los 4 restantes no faltaron, lo cruel es que Sara, fue más allá, tuvo la osada de copiar un ejercicio de Boile-Mariot al revés, nunca se fijaron en el pequeño error, yo lo que hice fue colocar dos malas notas por fraude. Me reía con Sara días después de mi maldad, ella tuvo que sustentar otro trabajo, para poder cumplir con lo mínimo de su asignatura, no es venganza, es lógica, quien no quiere aprender nunca lo va hacer, siempre busca el camino más fácil.

Sergio el Compañero de Mariana fue protagonista de un sin fin de líos los cuales salió mal librado, decían las chicas que era el rostro más bonito, las de sexto grado.

 Debido a esa afirmación de esas niñas, chicas; tuvo el siguiente recuento.

SaraH es su nombre, una chica del curso de Mariana, de Sergio, su amor entre Serhinio, como lo bautizo, con Sarah, era de muchos meses, pero Umbarila la chica de sexto grado, se enloqueció por él, desde el punto emocional, sensual y sexual, semanalmente, las cartas llena de corazones no faltaban en su pupitre, el negaba todo, hasta la chica Umbaria, se sabía que no se bañaba a menudo, sus olores eran tremendos, Sarah si es una chica lenta, pero muy aseada, perfumadita, puesta en su sitio, Serhinio, se fue un día de seductor con Umbarila, ese día se bañó la chica, saliva va , saliva viene, el coge, coge, tanto de él como el de ella, esa chica perdida entre nubes acorazonadas, Serhinio, cumpliendo con su cuota de seductor y algo más, pasan de los besos a sentir placeres, el lugar, como la noche los acogía, siempre el pero, Umbaria tenía que estar en casa antes de las 8 pm, esa semana su mamá estaba en capacitación, preciso ese día llego a las 6:30 pm.

Tres días más tarde, a Sarah, una photo de Serhinio, con Umbaria desabotono los celos de una como de la otra, ellas, por las escaleras se miraban como escopetas cargadas, dispuestas a detonar, los empujones se hacían notar, hasta a la salida, fue Troya en una calle a 4 del colegio, la mechoneada de una a la otra no basto, las palabrotas, todo aquello era un caos, ni el Serhinio, se apareció o él también lo encienden, ni la coordinadora, ni la directora de 10, ni la de 6, lo supieron, solo quien escribe esto lo observo, al final los videos, las fotos, delataron después de 2 meses la esa coordinadora que nunca hizo su responsabilidad el caso.

Serhinio, era en ese grado el único hombre de estudiantes, entre 9 mujeres, todas mal habladas no como Marianita, o Sarah, ello entre adolescentes, el hecho es que aprende hacer con ellos buenos propósitos, buenos trabajos, buenos comentarios, pero es donde se dice que si existiera un colador humano ninguno lo pasaría.

Un sin fín de alegrías y tristezas es la vida de un docente, las últimas son las peores, que no paguen a tiempo que se sientan desprotegidos de padres incultos, como agresivos, o que sean los pasos de estudiantes, que terminan de pandilleros, o ladrones. De todo vemos, pero solo el silencio, la risa nos dan la salida.

CONCLUSIÓN

- La experiencia docente es un motor que la combustión es constante, se enriquece el ser humano, que tiene el talento, la formación, como la actitud. No basta esa energía también ser paciente, condescendiente, mas no cómplice de estudiantes, directivos o padres; aún falta distinguir entre disciplina, orden, futuro. La primera se adquiere en la casa, como la cultura, el respeto y la Fe. La segunda con el pasar de los años se toma el hábito. Esta al otro día, de ser responsable de la existencia propia

- Cada docente es un numero de experiencias en un aula de clase, pero la idiosincrasia de los padres está ligada a la ignorancia, que hace daño a los estudiantes como a las instituciones. Una abuelita que a sus nietos acompaña, porque la madre trabaja, de sol a sol, es ella la responsable de tareas, comida y orden, mas no tiene la autoridad ante esos nietos, no porque no pueda, es que esa responsabilidad fue otorgada por bienestar de esa familia, en sí el padre ausente por motivos de cada esposo de no vivir más juntos, o por la violencia verbal que no hace sino más daño, a esos miembros.

- Porque no el inglés como segunda lengua, la razón primaria es que en Colombia las pruebas de estado son en español, y al ser evaluado los bachilleres de colegios bilingües, pierde el puntaje deseado, por las ciencias básicas, por la calidad de las preguntas, por la presión de sus familias, por confundir los dos idiomas. El estado de países latinoamericanos hace muchos esfuerzos por tener alta calidad en los idiomas, es una necesidad, en contravía de esta línea están los eruditos, que plantean que un infante debe saber comunicarse en un idioma extranjero, mas no saber cómo un nativo de ese idioma porque se confunde su raíz básica; por ello la grandes universidades norteamericanas, reciben, beca a estudiantes latinos, hispanos, que sus vicios lingüísticos son mínimos, al regreso a su vida, muchas expresiones se pierden y su raíz también se aleja.

- Cada curso, de tecnología es muy importante, cada tendencia de pedagogía es básica, no obstante tener en cuenta que cada educador hace esto con inversiones que sobrepasan su presupuesto es una atopia, por ello la capacitación mínima de temas, es clave. Observemos que no basta decir: es una necesidad, debe ser también un derecho el leguaje tecnológico, por ello, vivir en un país subdesarrollado, es tener límites muy grandes.

Todo lo expresado en estas páginas es mi experiencia personal como profesional de las Ciencias de la educación, en más de 20 años, como mi pensamiento que evoluciona con los tiempos que siempre son turbulentos.

Si lee esto un hombre o mujer pensante, se identifica con alguna historia, yo como autor no soy el responsable, de su incomodidad, porque no digo nombres concretos, eso si los hechos todos son reales, los he tenido en cuenta desde el primer momento. El feminismo, como el machismo en mi cultura está marcado por la sexualidad, está deteriorado por la falta de conocimiento, la cual juntan como emparedado con la Fe, eso es un volcán de ideas erróneas, frases de fracaso, que hieren no el cuerpo si el corazón, como el pensamiento, de un preadolescente, adolescente o joven, si esas afirmaciones las produce un padre herido en su orgullo, o una madre cuestionada por su hija o hijo sobre ser hombre o ser mujer, ello maltrata el ego, ese desarrollo que tanto espera que un Profesor de a sus crías.

No falta la regorda, la obesa por genética, o por hipófisis, mas falsa que moneda de cuero, mas doble que fleje, chismosa, vulgar, la bella de la bestia que lleva por dentro esa es la que se debe temer, la provocadora de profesores, la chica mostraba pierna, o descotes pronunciados sin sostén, esa chica que su boca expulsa groserías, que despotrican de sus compañeros, docentes directivas, a esa estudiante nunca habrá un PARE, siempre la madre de la chica la justificara, ante todos, puede ser que sea no imparcial, pero cuando en ese ser solo hay vacío, enfermedad por su apariencia personal, por su maquillaje prohibido en manual de convivencia, uso del móvil, para usarlo en su beneficio con fotos, con audios implorantes, en contra de docentes o sus compañeros, esa chica es de Psiquiatra, las más mojigatas son también las peligrosas, por esto esas chicas o chicos, hay que tenerlos cerca observarlos constantemente, ver sus movimientos, ver sus acciones negativas, prepararse para sus atropellos, como para sus me locerías.

El ser padre de una chica de 21 años hoy, lejano de ella, por motivos muy intrínsecos hizo que mi pensamiento de padre se ocultara entre la ciencia exacta, la cual me da el consuelo de no poder tener ese tiempo robado. Pero el reflejo de ello lo descubrí en mis estudiantes femeninas, guiarlas en su diario vivir.

Ya para terminar mi largo relato espero que como padre quien lee esto recapacite, sobre todo en no hacer responsable al profesor, de errores de sus hijos, de ser moderador, o de ser pasivos; hay experiencias de padres, madres que pierden a sus hijos por no compartir con ellos, ni un helado, los padres se sienten peor en el instante, que esos hijos los rechazan, los discriminan, los aíslan. Esos hijos son groseros con sus padres al vivir lejos, no los llaman, o peor cuando son viejos recuerdan a su padre como ogros de cuentos de espantos, por la correa a tiempo, o por no dar el consentimiento de salir más allá de las 2 am de una fiesta, o impedir una amistad, que nunca fue.

O en casos peores los cuales viví muy de cerca, cuando un chico o chica se quitan la vida, por esa rectitud de sus padres, no aceptan un error de sus hijos porque los creen perfectos, el chico o chica, llega a tal estado emocional que la salida es quitarse la vida. Sus compañeros como sus docentes el choque de ello es muy fuerte, deja secuelas muy profundas, deja un vacío tan grande, que nada ni nadie lo llena, los hermanos o hermanas del muerto son tratadas como piezas de museo, no se puede ni tocar, aquí el acompañamiento es clave, muchas parejas que pasan esto se separan, otras no aceptan esa perdida, se encierran en si mismas, otras se funden en una desesperanza.

Bueno lector, o docente, que esto sea un preámbulo para su caminar en la vida académica, ríase antes de enfadarse, busque una salida para esos momentos difíciles, pero, ante todo, sea cauto. A padre o Madre sea comprensivo, entienda que usted tiene una responsabilidad.

"Si tuvo tiempo para hacerlo, tendrá tiempo para verlo, sentirlo"

"Hijo o Hija único no basta, es muy egoísta"

"Cada hijo o hija son mundos diferentes, brechas generacionales"

Correo: skardenalluluska@gmail.com

..